OBJETS D'ART DU JAPON

ESTAMPES ET PEINTURES, POTERIE,

BRONZES, LAQUES, MASQUES, NETSUKÉS, INRÒS, GARDES DE SABRES,

BOIS SCULPTÉS ET DORÉS, DIVERS

Vente Publique

HOTEL DROUOT, SALLE N° 5

Le Mardi 2 et le Mercredi 3 Juin 1908

A DEUX HEURES PRÉCISES

EXPOSITION, MÊME SALLE

Le Lundi 1er Juin 1908

DE 2 HEURES A 6 HEURES

Mᵉ André DESVOUGES
Commissaire-Priseur
28, RUE DE LA GRANGE-BATELIÈRE

M. Ernest LEROUX
Expert
28, RUE BONAPARTE

PARIS

ERNEST LEROUX, EDITEUR

28, RUE BONAPARTE, 28

1908

OBJETS D'ART DU JAPON

**ESTAMPES ET PEINTURES, POTERIE,
BRONZES, LAQUES, MASQUES, NETSUKÉS, INRÔS, GARDES DE SABRES,
BOIS SCULPTÉS ET DORÉS, DIVERS**

Vente Publique

HOTEL DROUOT, SALLE N° 5

Le Mardi 2 et le Mercredi 3 Juin 1908

A DEUX HEURES PRÉCISES

EXPOSITION MÊME SALLE

Le Lundi 1er Juin 1908

DE 2 HEURES A 6 HEURES

<table>
<tr><td>M° André DESVOUGES</td><td>M. Ernest LEROUX</td></tr>
<tr><td>Commissaire-Priseur</td><td>Expert</td></tr>
<tr><td>28, RUE DE LA GRANGE-BATELIÈRE</td><td>28, RUE BONAPARTE</td></tr>
</table>

PARIS

ERNEST LEROUX, ÉDITEUR

28, RUE BONAPARTE, 28

—

1908

ORDRES DES VACATIONS

<table>
<tr><td colspan="2">Mardi 2 Juin</td><td colspan="2">Mercredi 3 Juin</td></tr>
<tr><td>Poterie</td><td>1 à 33</td><td>Poterie</td><td>301 à 330ter</td></tr>
<tr><td>Netsuké</td><td>34 à 87</td><td>Netsuké</td><td>331 à 367</td></tr>
<tr><td>Gardes</td><td>88 à 127</td><td>Gardes</td><td>368 à 409</td></tr>
<tr><td>Inros</td><td>128 à 153</td><td>Inros</td><td>410 à 438</td></tr>
<tr><td>Laques</td><td>154 à 163</td><td>Laques</td><td>439 à 454</td></tr>
<tr><td>Peignes</td><td>164 à 167</td><td>Peignes</td><td>455 à 457</td></tr>
<tr><td>Bois sculpté</td><td>168 à 190</td><td>Bois sculpté</td><td>458 à 479</td></tr>
<tr><td>Petits Bronzes</td><td>191 à 201</td><td>Petits Bronzes</td><td>480 à 493bis</td></tr>
<tr><td>Masques</td><td>202 à 207</td><td>Masques</td><td>494 à 502</td></tr>
<tr><td>Poches à tabac</td><td>208 à 210</td><td>Poches à tabac</td><td>503 à 504</td></tr>
<tr><td>Etuis à Pipes</td><td>211 à 213</td><td>Etuis à Pipes</td><td>505 à 510</td></tr>
<tr><td>Kodzoukas</td><td>214 à 216</td><td>Kodzoukas</td><td>511 à 513</td></tr>
<tr><td>Divers</td><td>217 à 225</td><td>Divers</td><td>514 à 526</td></tr>
<tr><td>Kakemonos</td><td>226 à 228</td><td>Kakemonos</td><td>527 à 528</td></tr>
<tr><td>Estampes</td><td>229 à 300</td><td>Dessins</td><td>529</td></tr>
<tr><td></td><td></td><td>Estampes</td><td>530 à 549</td></tr>
</table>

CONDITIONS DE LA VENTE

La vente sera faite au comptant.

Les acquéreurs paieront 10 o/o en sus des enchères.

POTERIES JAPONAISES

1. **Soma**. Bol large et cylindrique, émail verdâtre retombant en large coulée à l'intérieur et à l'extérieur sur fond jaspé grisâtre où se trouve décoré au trait noir un cheval au galop. Cachet. (xvII° siècle.)

2. **Ofouké, province Owari.** Bol circulaire surbaissé, émail craquelé lilas clair de lune. Cachet. (xvIII° siècle.)

3. **Haghi.** Bol carré irrégulier à zones de tournassage, fond crémeux. Cachet. (xvII° siècle.)

4. **Sóma.** Bol conique, zone en relief à l'intérieur ; couverte à coulées et gouttes bleuâtres sur biscuit sur rugueux. Cachet. (xvII° siècle.)

5. **Mishima.** Bol en forme de coupe basse décorée et gravée en blanc de fleurettes et de filets circulaires sur fond grisâtre truité ; parties laque d'or. (xvII° siècle.)

6. **Rakou.** Bol cylindrique rouge pâle à zone circulaire et traits verticaux en creux. (xvIII° siècle.)

7. **Hakémé.** Bol ovale ; zones circulaires et fleurettes gravées en blanc sur fond grisâtre. (xvII° siècle.)

8. **Rakou.** Bol rouge pâle cylindrique craquelé. (xvIII° siècle.)

   Rakou. Bol gris grêlé. Réparation laque d'or. (xvIII° siècle.)

9. **Aoïdo coréen.** Bol ovale campanulé bleuâtre pâle. Réparation laque d'or. (xvII° siècle.)

10. **Satsuma.** Bol conique évasé. Epaisse couverte gris verdâtre en gouttelettes et truitées laque d'or. (xvII° siècle.)

11. **Rakou.** Bol cylindrique cabossé ; couverte noire avec Fouji mate en réserve. (xvIII° siècle.)

12. **Yetrakou, imitation d'un Bol Kenʒan.** Bol ovale irrégulier. Buisson fleuri polychrome sur fond crémeux rosé. Cachet. (xIx° siècle.)

13. ***Rakou***. Bol noir et rouge cylindrique cabossé. Cachet. (xviiie siècle.)

14. ***Rakou***. Grand bol rouge et vert, cylindrique, irrégulier, grossièrement tour-
nassé. (xviiie siècle.)

15. ***Séto-Owari***. Bol campanulé, grasse couverte gris crémeux, jaune intérieur
craquelé. (xixe siècle.)

16. ***Karatsou***. Deux bols irréguliers à couverte grise, laque d'or. (xviiie siècle.)

17. ***Mishima coréen***. Bol grisâtre à zones gravées de fleurettes et lignes ser-
pentines. (xviiie siècle.)

18. ***Séto-Owari***. Bol mi-sphérique surbaissé, zones tournassées sur couverte
brune craquelée. (xviiie siècle.)

19. ***Mishima coréen***. Bol mi-sphérique, gris bleuâtre, gravé et décoré de fleurettes et lignes brisées en blanc. Réparation laque d'or. (xviiie siècle.)

20. ***Rakou***. Bol forme carrée dénommée *Tokousa*, rougeâtre craquelé, lignes
creuses verticales. Au-dessous, inscription par le Tchajim. (xviiie siècle.)

21. ***Shigaraki***. Bol cylindrique, grosse couverte crémeuse entièrement craquelée.
Réparation laque d'or. (xviiie siècle.)

22. ***Kioto***. D'après un bol de *Kenzan*. Bol forme coupole renversée, blanchâtre,
truitée, ornement en noir, signé : *Kenzan*. (xixe siècle.)

23. ***Rakou***. Bol noir et rouge cylindrique, rétréci à la panse. Cachet. (xixe siècle.)

24. ***Bizen***. Bol cylindrique, large coulée grisâtre sur fond grès rouge mat.
(xviiie siècle.)

25. ***Shino***. Grand bol carré irrégulier, blanc, crémeux, taches noirâtres.
xviiie siècle.

26. ***Takatori***. Bol conique à zones creuses et en relief, couverte clair de lune
à taches verdâtres et brunes, entièrement craquelées. (xviiie siècle.)

27. ***Karatsou***. Petit bol campanulé, couverte crème rosée sur biscuit rouge,
laqué d'or. (xviie siècle.)

28. ***Shino***. Bol mi-sphérique, épaisse couverte crémeuse rosée, entièrement craquelé de lignes brisées et croisées brunes, décoré de feuilles de bambou
en noir pâle.

29. ***Hakémé***. Bol mi-sphérique ; zones sinueuses et fleurettes gravées et émaillées
blanc sur gris rosé. Cachet. (xviiie siècle.)

30. ***Shino***. Grand bol ovale, épaisse couverte crémeuse craquelée de lignes brunes
et décorée de lignes noires. Réparation laque d'or.

31. ***Komogaï coréen***. Bol campanulé gris rosé et gouttelettes blanchâtres, truité,
fêlures en laque d'or. (xvie siècle.)

32. *Yéshino*. Bol presque ovale, blanchâtre, décors gris avec couvercle en bois sculpté laqué rouge et fleurettes en relief en or formant brûle-parfums. (xvııᵉ siècle.)

33. *Yéshino*. Six tubes à quatre faces, émail gris bleuâtre décoré de feuilles blanchâtres. (xvıııᵉ siècle.)

NETSUKÉS

34. *Nara*. Bois. Enfant debout tenant un gâteau ouvert en deux en ses mains.

35. Bois. Kanzan et Jitokou.

36. Bois. Tonnelier travaillant.

37. *Hidénaga*. Bois. Aveugle tenant souricière.

38. Bois. Éléphant entouré d'aveugles minuscules.

39. Bois Aveugle bâillant agenouillé.

40. Bois. Personnage tenant un sac.

41. Bois. Dieu du Vent assis.

42. Bois. Paysan dormant sur sa natte.

43. Bois. Crapaud accroupi sur feuille.

44. Bois. Hollandais obèse.

45. *Nara*. Bois. Déesse *Saïobo* tenant un vase.

46. Bois. Okamé debout, masque ivoire.

47. Bois. Aveugle à quatre pattes sur planche formant ponceau.

48. *Suité*. Bois. Personnage et pieuvre.

49. Bois. Foukosouki (nain).

50. *Massanaô*. Bois. Grenouille sur une zori.

51. *Tsugensensaî*. Bois. Sennin tenant l'outre d'où sort un cheval.

52. Bois. Ashinaga et Tenaga accroupis.

53. Bois. Yama-boushi sonnant de la conque et sortant lui-même d'une grande conque.

54. *Seizan*. Bois. Kinouta battant son linge.

55. **Miwa Ier**. Bois. Vieillard accroupi.

56. Bois. Shôki aiguisant son sabre.

57. Bois. Enfant laque rouge à cheval sur gourde.

58. Bois. Shôki assis sur le sac du diable.

59. Bois. Vache et son veau accroupis.

60. **Mitsuhiro**. Bois. Shôki caché au pied d'un vieux tronc du milieu duquel le diable cherche à s'échapper.

61. **Massatoshi**. Bois. Renard costumé en pèlerin, le visage et les pieds en ivoire.

62. Bois laqué. Philosophe debout.

63. Bois. Groupe de onze petits masques rouges.

64. Bois. Aveugle massant un baigneur.

65. Bois. Komati avec chapeau et bâton.

66. Bois. Diable ayant coupé ses cornes, accompagné de son enfant, se rendant au temple pour faire ses dévotions et accomplir de bonnes œuvres.

Bois. Hotei dansant.

67. Bois. Kaminari sur son tambour.

68. Bois. Senningama appuyé sur son bâton.

69. **Minkô**. Bois. Corbeau sur tuile.

70. Bois. Serpent enroulé sur sanglier couché.

Bois. Dharma sans jambes.

71. Bois. Enfant accroupi, la tête dans un gros masque de chimère, le visage vu entre les deux mâchoires.

72. **Jiobun**. Bois. Aveugle accroupi tenant grosse pierre.

73. Bois. Kaminari sortant les nuages de son sac.

74. **Massatomo**. Bois. Sennin Kinko sur poisson, lisant poésie.

75. Bois. Renard pèlerin.

76. Bois. Crabe.

77. Bois. Serpent enroulé.

78. **Massatomo**. Ivoire. Sennin vêtu de feuilles et tenant un makimono.

79. **Massakadzou**. Ivoire. Okamé nue, bâillant.

80. Ivoire. Pêcheuse d'awabi vêtue de paille.

81. Ivoire. Pêcheur élevant son couteau pour ouvrir une coquille.

82. **Minkokou**. Ivoire. Paysan couché sur une waradzi.

83. Ivoire. Singe tenant gourde et couché sur poisson.

84. Ivoire. Rakan assis sur terrasse.

85. Ivoire. Philosophe chinois debout.

86. Ivoire. Kintocki et Yama-ouwa tenant une tortue suspendue à des cordons.

87. Ivoire. Paysan fumant et aiguisant son couteau.

GARDES DE SABRES EN FER

88. **Kinaï**. Garde pleine, quatre lobes formant coquille à aspérités.

Garde pleine, même sujet.

89. **Sôten**. Garde ajourée. Shoki et diable; parties dorées.

90. Garde ajourée. Cavaliers sur cheval.

91. **Fouchimi**. Garde ajourée. Chrysanthèmes et feuilles incrustations de cuivre.

Garde ajourée. Branches de chrysanthèmes parties repercées.

92. **Namban**. Garde pleine. Pivoines et chimères, parties or et argent.

93. **Sôten**. Garde ajourée. Diable et shoki, parties dorées.

94. Garde pleine quadrilobée : insectes divers ciselés.

Garde pleine lobée : poisson nageant, parties dorées.

95. Garde pleine lobée : croissant de lune argent, flots dorés.

96. Garde pleine ovale, parties dorées et argentées : dragon s'élançant vers le Fuji.

97. **Miotchin Mounéyoshi**. Garde pleine, rugueuse, ovale, signée en pleine garde.

98. **Foushimi**. Garde pleine lobée; feuilles d'érables incrustées en cuivre.

Namban. Garde ovale, ajourée, ornements divers.

99. Garde pleine piriforme. Singe aux longs bras en relief.

100. *I**er** Sôten*. Garde ajourée avec rehauts d'or. Orchestre en bateau, jouant pendant qu'une nageuse apporte la perle sacrée convoitée par un dragon marin.

101. *Soami*. Garde pleine, ovale. Grues minuscules et pont, garde non signée.

 Garde ajourée, ronde; moineaux et bambous découpés.

102. *Kanéyié*. Garde pleine, ovale, martin-pêcheur.

 Garde pleine, ovale, grande ancre et moineaux.

103. Garde découpée. Pins tortueux.

 Garde découpée. Roues de moulin au-dessous d'un pont.

104. *Oumétada* de *Kioto*. Garde pleine, incrustée de kiris en or et nacre.

105. *Hiragiya* de *Kioto*. Deux gardes, pleine, ronde, ciselée en haut relief de paysage chinois.

106. Garde pleine, ronde. Coquillage et plantes marines sur fond rayonné.

107. Garde pleine, ronde. Kiris minuscules à rehauts or et argent.

108. *Zuiriûken*. Garde, pleine ronde. Teinturerie. Bandes d'étoffes pendantes en shibuitshi, shakoudo, etc., incrustées d'ornements, oiseau volant.

109. *Tetsugendô*. Garde pleine, ovale. Myriapodes or et argent en relief.

110. Garde ajourée, ronde. Dragon et nuages, rehauts en or.

111. Garde pleine, ronde. Lapin près rocher, au clair de lune.

 Garde pleine, ronde. Branche de vigne polychrome; au revers, caractère *Denko*.

112. Garde pleine, ovale. Mouche repercée à la scie, près chrysanthème, rehauts or et argent.

113. *Shôami*. Pleine, ronde. Feuilles, aiguilles de pin et corbeille en ors divers.

114. *Miotchin Mounénaga*. Pleine, quadrilobée. Corbeau sur branche par clair de lune.

115. *Fouchimi*. Pleine, crucifère. Shôki haut relief en bronze et diable minuscule se sauvant.

116. Pleine, carrée. Kaminari et nuages.

117. *Nobouiyé*. Pleine, quadrilobée. Kiris sur fond géométrique régulier.

118. Pleine, carrée. Shôki en or, par temps de pluie.

119. Pleine, ronde. Pile de pont bronze et grue minuscule en argent.

 Pleine, quadrilobée. Kiris et brindilles en or.

120. **Namban**. Pleine, ronde. Chimères, dragons, diables en relief.

121. Ajourée. Tennines volant et jouant de la flûte, rehauts.

122. **Cachet de Shôami**. Pleine, carrée. Profil de lapin devant pleine lune.

122 bis **Massanobou**. Pleine, ovale. Poissons divers en métaux polychromes.

123. Pleine, ovale. Grues minuscules volant et fleurettes en métaux divers. Le fer a l'aspect du shibuitchi.

124. **Massatchika** de Yédo. Pleine. Shôki debout et diable gravé, rehauts.

125. **Shighénaga**. Pleine. Sennin assis sur rocher.

Pleine. Paysage ciselé.

126. Pleine, carrée. Mouche sur branche de courge et feuilles. Incrustation et gravure.

127. **Miotchin Mounéyoshi**. Serpent s'enroulant (pièce aussi douce qu'un modelage).

INROS EN LAQUE

128. Trois cases, laque fond bois rongé. Amarante dorée et papillon nacre. (xviiᵉ siècle.)

129. Quatre cases, laque rouge : ours noir et arbre doré. (xviiᵉ siècle.)

130. Quatre cases, laque noir. Extrémités de fourreaux de parapluies et stores. Or et incrustations de nacre. xviiᵉ siècle.

131. Trois cases, laque. Filets de pêche en or et fleur nacre. xviiᵉ siècle.

132. Trois cases, laque. Perroquet sur perchoir et iris, or et nacre. xviiᵉ siècle.

133. Deux cases, laque rond. Travail dans les rizières, poudré or et incrustations.

134. Trois cases, bois naturel. Buisson de fleurs or et nacre. xviiᵉ siècle.

135. Quatre cases, laque. Itaten en relief dans les nuages courant après le diable qui a volé le trésor du ciel. (xviiᵉ siècle.

136. Trois cases, laque. Dragon en nacre dans les nuages. Au revers : poésies en nacre. (xviiᵉ siècle.

137. Quatre cases, laque fond or. Armure et armes.

138. Quatre cases, fond or. Cultivateurs dans rizière, chapeaux en nacre. (xviiᵉ siècle.)

139.   Quatre cases, laque fond or. Courge laque rouge et feuilles en or et étain. (xviiie siècle.)

140.   Quatre cases, fond écaille, étroit. Grues dorées et bambous. (xviie siècle.)

141.   Quatre cases, laque, mince et annelé. Corbeaux et grues. (xviiie siècle.)

142.   Quatre cases, laque fond or vert nashiji. Bœuf et cascade. (xviie siècle.)

143.   Trois cases, laque noir. Corbeille et écrevisses, incrustations de nacre.

144.   Trois cases, laque noir. Lapin et chrysanthèmes.

Quatre cases, laque noir. Chat et pivoines. (xviie siècle.)

145.   Quatre cases, laque argent. Cheval en or, maintenu par la bride par un petit singe. (xviiie siècle.)

146.   Quatre cases, laque noir. Dharma laqué rouge et senningama. (xviie siècle).

147.   ***Soëtsou***. Quatre cases, laque noir. Poisson étain, ligne et panier. (xviiie siècle.)

148.   Trois cases, laque nashiji. Cheval près entrée d'habitation. (xviiie siècle.)
Quatre cases, laque. Hotte près vigne avec incrustations. (xviiie siècle.)

149.   Quatre cases, laque noir. Enfant tirant un bœuf, près voiture. (xviie siècle.)

150.   Cinq cases, laque brun, couleur fer. Poisson dans panier, les yeux en émail. (xviiie siècle.)

151.   Trois cases, laque noir. Chevaux gravés et d'autres dont les contours sont esquissés en filets de laque d'or. (xviiie siècle.)

152.   Quatre cases, laque fond ghiobou. Kanzan et Jittokou. (xvie siècle.)

153.   Quatre cases, laque rouge. Coquilles noir côtelées. (xviiie siècle.)

Quatre cases, fond incrusté de minuscules parties de burgau. (xviiie siècle.)

LAQUES

154.   Écritoire rectangulaire à compartiment, gravée de zones sinueuses de laques d'ors polychromes et de nacre imitant les veines du bois. A l'intérieur sur fond ghiobou, par clair de lune, un cultivateur récolte des prêles. Incrustation en laque d'or et burgau. (xviie siècle.)

155.   Grande écritoire en bois ciselé et laqué. Le philosophe à cheval Kô en passant sur un pont ayant fait exprès de laisser tomber sa chaussure en présence de Tiyorio, celui-ci courut la chercher dans la rivière et la lui rapporta. Intérieur pigeons sur branches de pin.

Pièce finement ciselée et laquée de tons bruns à rehauts d'or. (xviie siècle.)

156.   Grande boîte d'écritoire ton vieille écaille, décorée de gardes de sabre, de
       Kodzukas et de Kogaï en laque d'or et burgau ; papillon laque d'or à l'inté-
       rieur. (xviie siècle.)

157.   Écritoire rectangulaire laque noir, encadrement ciselé décoré de chevaux en
       corne, nacre, étain, ivoire, bois paissant. (xvie siècle.)

153.   Boîte rectangulaire à fermoir en laque chinois. Paysage animé en bronze
       nacre (manque un personnage . xvie siècle.)

159.   Grande écritoire fond noir décoré en laque d'or d'un aveugle qui cherche
       à frapper de son bâton un chien (qui se voit sous le couvercle) et qui se
       sauve en courant, après avoir renversé sur son passage un autre aveugle,
       porteur de biwa. (xviie siècle.) **Ecole de Koëtsou.**

160.   Écritoire carrée, bois naturel. Le philosophe *Rihakoutéru* assis. A l'intérieur
       reproduction en grès de Bizen, modelé, d'un paysage de Kassouga formé
       d'un torrii et d'une forêt de pins. (xviie siècle.)

161.   Écritoire rectangulaire en laque brun incrusté de méandres fleuris en nacre.
       (xve siècle.)

162.   Écritoire rectangulaire laque noir. Tenninne debout en laque d'or encadrée
       de burgau. Intérieur en nashiji. (xvie siècle.)

163.   Plateau carré laque noir. Chèvres et prunier fleuri, incrustation en burgau.
       (xviie siècle.)

PEIGNES

164.   Peigne laque d'or. Branche de chrysanthèmes, incrustation de nacre
       (xviiie siècle.)

165.   Peigne laque d'or décoré d'éventails incrustés de fleurettes en ors polychro-
       mes. (xviiie siècle.)

166.   Peigne laque noir. Branches de pivoines en haut relief de laque d'or. (xviie siècle.)
       Tokoukosaï.

167.   Peigne laque d'or. Tortues dans l'eau. (xviiie siècle.)

BOIS SCULPTÉ

168.   Amida debout (entièrement patiné noir par les parfums) sur socle bois doré.
       Haut. 0,50. (xive siècle.) **Epoque des Hôjô.**

169.   Hayé Kuannon (bois naturel foncé) assise les bras cachés sous le vêtement.
       Haut. 0,16. (xviie siècle.)

170. Jikyo Kuannon. Petite divinité assise sur rocher, tenant un makimono, le bord de la jambe gauche pendant. Haut. 0,11. (xviie siècle.)

171. Wanokou Kuannon. Divinité assise sur lotus, la jambe gauche repliée et relevée. Parties encore dorées. Haut. 0,23. (xviie siècle.)

172. Fougen Bosatsu auréolée dans sa châsse, assise sur un éléphant. Pièce finement sculptée. Haut. 0,09. (xvie siècle.)

173. Jiren Kuannon debout sur socle, auréole circulaire, la main droite levée et tenant un vase dans la main gauche. Haut. 0,36. (xviiie siècle.)

174. Saka chaka niyoraï debout sur lotus stylisé, patine noire. Haut. 0,24. (xvies.)

175. Kitomarou. Poète accroupi, le bras droit appuyé sur table basse. Rehaussé de parties en laque d'or. (xviie siècle.)

176. Ju iti men coiffée de dix petites têtes sculptées, debout sur socle de lotus stylisé, auréole circulaire, main droite pendante, main gauche tenant un vase haut. 0,15. (xvie siècle.)

177. Chaka nyoraï debout, les mains ramenées vers la poitrine, patine noire. Haut. 0,16.

    Kwanjean Bosatou debout sur socle de lotus, tenant un nénuphar contre sa poitrine. Haut. 0,13. (xve siècle.)

178. Châsse contenant Chakamouni limbé debout sur socle lotus, bois doré, patine foncé, haut. 0,43. (xvie siècle.)

179. Daï seï jobosatsu, assise sur socle lotus limbée circulairement, coiffure à pendeloques les mains rapprochées, l'index de la main gauche dans la main droite, haut. 0,29. (xviie siècle.)

180. Petite châsse contenant Shaka limbé sur socles superposés. Bois naturel finement ciselé, parties dorées. L'intérieur de la châsse est laqué de quadrillés en laque d'or. Haut. 0,17. (xviie siècle.)

181. Serakou Kuannon accroupie, le bras soutenant la tête et appuyée sur genou droit relevé, parties encore dorées. Haut. 0,18. (xviie siècle.)

182. Shari boutsu. Philosophe, debout, en bois laqué noir mat, tenant autrefois un long bâton. Haut. 0,39. (xvie siècle.)

183. Dharma assis, jambes et bras cachés par le vêtement, le visage et le corps encore un peu dorés, vêtement foncé. Haut. 0,18. (xviie siècle.)

184. Jô akou Dôji tenant bâton et représentant l'esprit du mal, patine foncée, parties rouges, rehauts d'or.

    Jozen Dôji. Femme debout, les mains jointes, représentant l'esprit du bien, même patine. Haut. 0,18. (xvie siècle.)

185. Tchajim accroupi laqué chair, rouge et vert, rehaussé de laque d'or, tenant en ses mains le bol et le bâton pour la cérémonie du thé; par endroits usé. Haut. 0,10. (xviie siècle.)

186. Kuannon debout sur socle lotus et terrain, coiffure à pendeloques métalliques à perles polychromes, laqué or et patiné. Haut. 0,44. (xviie siècle.)

187. Amida debout, bois naturel foncé, vêtement décoré de dessins en or, main droite
     levée, main gauche pendante. Haut. 0,25. (xviiᵉ siècle.)

188. Tenjin en grand costume de cour, assis sur socles superposés polychromes
     ornements en bronze doré. Bois sculpté. Haut. 0,22. (xviiᵉ siècle.)

189. Châsse contenant Kuannon debout sur lotus. Bois foncé et décoré d'or.
     Haut. 0,18. (xviiᵉ siècle.)

190. Panneau bois naturel rongé. Deux musiciens de temple.

PETITS BRONZES

191. Kasé no Kami cornu légèrement vêtu, courant, patine foncée. (xviiᵉ siècle.)

192. Ancre marine à quatre bras recourbés et cordage. (xviiᵉ siècle.)
     Ancre sur nasse tressée et ajourée. (xviiᵉ siècle.)

193. Petit Amida sur lotus, parties dorées. (xviiᵉ siècle.)

194. Bœuf couché avec joueur de flûte sur son dos. (xviiᵉ siècle.)

195. *Taï Min Santokou*. Dharma debout sur socle; au-dessous, cachet. (xviiᵉ siècle.)

196. Garçonnet et chien avec perle. (xviiiᵉ siècle.)

197. Okamé minuscule debout. (xviiiᵉ siècle.)
     Singe assis sur terre basse.

198. *Mlotchin*. Tête de mort formant encrier. (xviiiᵉ siècle.)

199. Ju iti men coiffée de dix petites têtes et tenant un vase. (xviiiᵉ siècle.)

199ᵇⁱˢ Vieux bronze représentant un guerrier debout sur socle nuageux où s'aperçoit
     un dragon, parties encore dorées. Haut. 0,33.

200. Dharma assis, patine noire. (xviiiᵉ siècle.)

201. Fudo limbé et deux Dôji sur socle. (xviiiᵉ siècle.)

MASQUES

202. *Déméjoman*. Masque de Okima à barbiche.

203. *Rokioujiuwô*. Masque joufflu à gros yeux.

204. Masque de Shikami grimaçant à gros sourcils.

205. Masque de Rakan; au revers fleur de nénuphar.

206. *Déméouman*. Masque de chimère cornu, mâchoire mobile.

207. Masque d'Okamé.

     Masque de Sougouiki, à bouche tordue.

POCHES A TABAC

208. Poche à tabac bois naturel en forme de sac : Personnage, coulant en amande de pêche et Netzuké de *Nara*. (xviiiᵉ siècle.)

209. Poche à tabac. Tortue, yeux en laque rouge. (xviiiᵉ siècle.)

210. **École de Gamboun**. Poche à tabac en forme de bourse. Mollusques divers, laque d'or et nacre. (xviiiᵉ siècle.)

ÉTUIS A PIPES

211. Étui en bambou. Personnage grotesque.

Étui fourreau gravé d'un Épisode de la guerre de Itchinotami. (xviiiᵉ siècle.)

212. Étui bambou orné d'un serpent en relief. (xviiiᵉ siècle.)

213. **Ikko**. Étui bambou avec fermoir. Sennin sur rocher.

KODZOUKAS

214. **Katushiro**. Kodzuka en shibuitshi. Sennin au pied du Fuji.

215. **Hamano Shunzui**. Kodzuka shibuitshi. Sennin se reposant à terre.

216. Kodzuka bronze. Sennin et chien, rehauts d'or.

DIVERS

217. Sabre de médecin en bois formé d'un long poisson.

218. Sabre de médecin en bois formé d'une tige de nénuphar sur laquelle est une grenouille minuscule.

219. Racine. Hibou sur branche.

220. Grosse coquille saint Jacques ornée d'une pieuvre.

221. Petit casque en bronze, ornement dragon.

222. Petit casque en bronze avec perle et deux lames.

223. Petit casque en bronze aplati.

224. ***Hirato***. Petit personnage bleu et blanc, porcelaine.

225. Nitanoshiro à cheval sur sanglier, bois.

KAKÉMONOS

226. ***Okio*** Sept chiens en liberté. (Cachet xixᵉ siècle.)

227. Santaï boutsou. Bouddha debout et deux Bousatsou dans les nuages. (xviiᵉ siècle.) ***Ecole de Takouma***.

228. ***Sekkei***, *élève de Okio*. Kuannon limbée sur rocher, encre de Chine. (xixᵉ siècle.)

ESTAMPES

229. ***Kiyoharou***. Acteur en femme, branche de prunier sur l'épaule.

230. ***Kiyonaga***. Hauteur. Princesse debout, sur la robe de laquelle joue un jeune chat.

231. ***Outamaro***. Bustes. Deux femmes à coiffures remplies d'épingles.

232. Hauteur. Oiseau de proie sur branche de vieux prunier.

233. ***Shunsen et Kunitora***. Quatre larges surimonos, Porteuses d'eau salée, Rizière, etc.

234. ***Kouniyoshi***. Hauteur. Lanternier marchant sous la pluie, debout, à terre, au milieu du reflet de la lune.

235. ***Kouniyoshi***. Pêcheur sous un abri élevé au milieu de la rivière, mettant ses poissons dans son panier.

236. ***Kouniyoshi***. Neige dans la province de Kago.

Cerisiers en fleurs au bord de la Sumida.

Cueillette des Kakis.

237. ***Kouniyoshi***. Guerrier ouvrant la bouche d'un serpent enroulé autour de son corps.

Combat de deux guerriers chinois dans la mer.

Guerrier chinois tatoué marchant au fond de la mer.

238. ***Toyokouni***. Buste. Couple causant.

Hauteur. Princesse assise et deux suivantes.

239. ***Kounisada***. Hauteur. Pêcheuse et enfant dans la mer, près Yénoshima.

240. **Kiyomitsou**. Hauteur. Combat de deux guerriers et d'un éléphant blanc.

241. **Kounisada**. Surimono. Deux acteurs.

Kiyomoto. Surimono. Deux acteurs, shoki et diable.

242. **Yeizan**. Quatre petites femmes.

243. **Sôri**. Petit surimono. Tchajim accroupi se retournant vers un kakémono.

Sôri. Petit surimono. Table avec attributs divers.

Hokouga. Petit surimono. Gallinacée picorant.

244. **Shighénobou**. Petit format, quatre feuilles oiseaux, fleurs.

Hiroshighé. Petit format, quatre feuilles oiseaux, fleurs.

245. **Hiroshighé**. Largeur. Totomeisho 5 feuilles.

246. **Toyokouni**. Hauteur. Blanchisseuse, promeneurs.

247. **Shikimaro**. Hauteur. 2 feuilles, femmes accroupies.

248. **Yeishi**. Hauteur. Princesse accroupie jouant avec chat tenu en laisse.

249. **Shighénaga**. Osoyé. Paysage noir au bord de la mer.

250. **O. Massanobou**. Largeur. Noir. Deux femmes assises et passant sous parapluies.

251. **Koriousaï**. Nagayé. Shoki noir.

252. **Toyokouni**. Buste. Portrait de femme dont le contour du visage est obtenu
par un gaufrage et non dessiné au trait teinté.

253. **Sékiho**. Hauteur. Deux femmes et jeune fille au bord de la Soumida.

254. **Outamaro**. Hauteur. Pochard presque nu, de méchante humeur, assis sur
une balle de saké; en hauteur scène des Ronins.

255. **Hiroshighé**. Hauteur. Servante portant saké, une partie du corps vu en
silhouette à travers cloison.

Toyokouni. Hauteur. Buste de femme à sa toilette.

256. **Toyokouni**. Hauteur. Femme debout, une autre accroupie.

257. **Yeisen**. Hauteur. Femme debout, en bleu.

Kouniyoshi. Hauteur. Femme debout, en bleu.

258. **Yeisen**. Hauteur. Trois feuilles de guéshas.

259. **Hok'saï**. Largeur. Le moulin à Shinano, province de Ida, 36 vues.

260. Largeur. Tomagawa, province de Boushu, 36 vues.

261. **Keisaï Massayoshi**. Largeur. Deux feuilles d'oiseaux, fleurs. Caille et fleurettes. Petit oiseau et pivoines. Bon état. (Sera vendu séparément.)

262. **Hiroshighé**. Hauteur. Deux feuilles oiseaux : perroquet, canards manda-
rins.

263. **Kouniyoshi**. Hauteur. Deux feuilles : promeneurs au bord de la mer.

264. **Yeisen.** Hauteur. Deux feuilles à vignettes diverses.

265. **Kunimassa.** Osoyé. Deux acteurs, bustes.

Toyokuni. Osoyé. Okarou frappée par son frère, debout.

266. **Toyokouni.** Hauteur. Daïmio à longue robe. Hauteur. Dame de la Cour portant plateau.

267. **Kunisada.** Hauteur. Deux feuilles : scène maternelle. Guésha et shannson.

268. **Toyokouni.** Hauteur. Danseur. Femme debout, robe brune.

269. **Hok'saï.** Largeur. Pont de Harashiyama.

270. **Kouniyoshi.** Largeur. Série des 24 Enfants sages ; Vieillard pauvre et enfant. Éléphant blanc.

271. **Toyohiro.** Petit format. Couple.

Yoshi. Petit format. Servante apportant plateau.

272. **Shunsho.** Quatre feuilles. Bustes d'acteurs dans éventails.

273. **Kiyomitsou.** Ozoyé. Deux lutteurs.

274. **Toyokouni.** Ozoyé. Homme robe rouge debout.

275. **Toyokouni.** Triptyque. Le Pont de Riogokou sur la Sumida, un soir de fête.

276. **Sogakoudo.** Hauteur. Deux feuilles d'oiseaux et fleurs.

277. **Kouniyoshi.** Hauteur. Paysans marchant par pluie torrentielle.

278. **Kouniyoshi.** Hauteur. Trois feuilles : Princesse. Hommes vêtus de blanc. Seigneur et suite.

279. **Yeisen.** Hauteur. Deux feuilles : Femmes en promenade.

280. **Kounisada.** Hauteur. Femme éclairée par sa lanterne.

Toyokouni. Hauteur. Femme marchant par le vent.

281. **Hokoushiou.** Composition de quatre feuilles. Promenade à l'époque de la floraison des cerisiers.

282. **Toyokouni.** Triptyque. Ghenzi se promenant au bord de la mer et regardant des pêcheuses d'awabi.

283. **Shunsen.** Triptyque. Pont de Riagakou.

284. **Shunsen.** Triptyque. Même sujet, traité différemment.

285. **Hoksai.** Largeur. Tshushingoura. Onze feuilles. Série complète.

286. **Shunmann.** Sourimono. Pêcheuse et enfant près panier.

Hok'kei. Sourimono. Poupée agenouillée.

Shighénobou. Sourimono. Femme et domestique.

287. Cinq feuilles en noir. *Shiuboun*, canard. *Sesshiu*, oie. *Sôtan*, coq. *Senhine* shôki. *Shiuboun*, oies.

288. **Hiroshighé.** Deux feuilles humoristiques.

289. **Hok'saï**. Deux feuilles de caricatures.

290. **Hok'saï**. Quatre feuilles des poésies de Tshoraï.

291. **Hok'sai**. Deux feuilles d'un petit Takaïdo.

292. **Shinsaï**. Large surimono. Combat de coqs.

293. **Soukénobou**. Deux feuilles de promeneurs, noir.

294. **Hokkeï**. Surimono. Attributs.

295. **Shunsho**. Carré. Marchand de ghéta Osayé : acteur.

296. **Yeizan**. Trois feuilles. Couples.

297. **Harounobou**. Carré. Trois feuilles (teintées par la fumée).

298. **Hiroshighé**. Largeur. Trois feuilles des poissons.

299. **Outamaro**. Hauteur. Deux feuilles. Buste. Pêcheuses.

300. **Hokouyeï**. Hauteur. Buste d'homme.

   Shunkin. Hauteur. Promeneuse.

POTERIES JAPONAISES

301. **Oribé**. Trois tubes à cinq faces irrégulières, brun rose, décoré de fruits et lignes polychromes. (xix⁰ siècle.)

302. **Oribé**. Un tube à huit faces coulées verdâtres, décoré de fleurettes noires. (xix⁰ siècle.)

  Un tube cylindrique orifice carré. (xix⁰ siècle.)

303. **Oribé**. Petit vase balustre, col à couverte jaunâtre à coulée, panse blanche et crémeuse, feuilles manganèse. (xix⁰ siècle.)

304. **Yéshinô**. Vase quadrilatéral blanchâtre décoré d'herbages manganèse. (xvii⁰ siècle.)

305. **Ofuké**. Canard redressant son cou, le bec en l'air, formant brule-parfums. Bleu sur grisâtre, tache brune, félure laque d'or. (xviii⁰ siècle.)

306. **Rakou**. Bonbonnière en forme de gros kaki séché, brun et verdâtre. (xviii⁰ siècle.)

307. **Ritsuô**. *Ecritoire* rectangulaire imitant le laque rouge ciselé dit *Tsuishu*.

  Philosophe et son domestique, en relief rouge sur fond quadrillé. Intérieur tache d'encre sur fond rouge brique. Dessous signé *Mutsu un Ritsuô*, cachet *Kan*. (xvii⁰ siècle.)

308. **Séto**. Bol cylindrique, coulées et gouttelettes brunes sur brun clair, forme bouteille, panse surbaissée, col droit, lignes gravées brunes sur brun clair.

  Séto. Tchaïré ovoïde grande coulée foncée sur brun rosé clair.

Séto. Tchaïré rouge manganèse, taches jaunâtres, filet de laque d'or.

Séto. Tchaïré panse renflée surbaissée, large partie d'émail verdâtre à l'épaulement et coulant sur la panse.

309. **Oribel**. Kogo formé d'un martin-pêcheur, bec brun sur lilas clair.

310. **Rakou**. Kogo formé d'un corps de prêtre dormant sur moulin à thé. (xviiᵉ siècle.)

Doati. Kogo. Okamé accroupie, poterie rugueuse signée en dessous.

311. **Mimpeï,** *de Kioto*. Kogo en porcelaine : Okamé fond gris, décor polychromes à rehauts d'or. xixᵉ siècle.

312. **Owari**. Kogo céladon : Moineau verdâtre. (xviiiᵉ siècle.

Awadji. Kogo Renard à corps sphérique, vert jaune et brun. (xviiiᵉ siècle.)

313. **Bizen**. Le poète Hitomaro assis, tons bruns. (xviiiᵉ siècle.

314. **Kioto**. Kuannon debout dans l'ouverture d'un rocher; parties dorées et brunes. (xviiiᵉ siècle.)

315. **Satsuma**. Bouteille à saké fauve dégradé truité : oiseaux et fleurs signature Riséï. (xixᵉ siècle.)

316. **Mokoubel,** *de Kioto* Vase à fleurs, cabossé à zones, larges coulées jaunes sur brun rugueux. Poésies et cachet gravés. xixᵉ siècle.

317. **Séto**. Midzousashi surbaissé, brun clair, coulée blanche. (xviiiᵉ siècle.)

318. **Takatori**. Midzousashi balustre cabossé, large et épaisse coulée blanche sur gris verdâtre. (xixᵉ siècle.)

319. **Iga**. Vase ovoïde, goulot étroit, terre brune; modelage imitant un vase tressé de fibres de bambous; large tache jaunâtre à gouttelettes foncées. Stoghiri en croissant. (xixᵉ siècle)

320. **Oribé**. Bouteille à saké; chrysanthèmes rouges en réserve cernés irrégulièrement d'une grande et large coulée vert foncé et craquelé. xviiiᵉ siècle.

321. **Rakou,** par Ichiti. Gros bœuf couché, ton rougeâtre formant brûle-parfums. (xviiiᵉ siècle.)

322. **Shinô**. Grande coupe creuse, à cinq lobes en forme de grosse fleur de prunier; épaisses coulées et gouttelettes de couverte crémeuse sur fond verdâtre. (xviiiᵉ siècle.)

323. **Kioto,** d'après un dessin de Ninseï. Grand vase tripode ovoïde à couvercle ajouré, formant brûle-parfums. Vieux prunier fleuri sur fond brun clair et croissant lunaire en émail blanc craquelé. (xviiiᵉ s.)

324. **Séto**. Midzousashi sphérique, stries noires verticales, fond rouge manganèse éclats laque d'or. (xviiiᵉ siècle.

325. **Hana Mishima coréen**. Bouteille piriforme à col élancé, orifice cerclé d'argent; large zone et grosses pivoines blanches gravées en relief et en creux sur fond gris truité, fêlure en laque d'or. (xviᵉ siècle.)

326. ***Yékaratsou***. Coupe circulaire basse de fond fauve, décorée d'un batelier transportant des sacs de riz. Esquissé au trait noir, fêlure laque d'or. (xviiᵉ siècle.)

327. ***Kioto-Kenzan***. Plateau carré truité : paysages et poésies en noir, décoré au marly de fleurs en noir (éclat laque d'or). (xviiᵉ siècle.)

328. ***Oribé***. Midsusashi cabossé, surbaissé, ornements bruns sur fond crème truité brun ; large coulée bleu clair de lune. (xviiᵉ siècle.)

Yéshino. Coupe tripode, couverte épaisse blanchâtre à craquelé brun : herbes au trait noir. (xviiᵉ siècle.)

329. ***Bizen***. A reflets manganèse. Eléphant brûle-parfums, la trompe élevée, couvercle émail cloisonné, ajouré. (xviiiᵉ siècle.)

330. Vingt-quatre bols de différentes fabriques.

330bis ***Takatori***. Vase forme ovale élancée, rétrécie vers la base : longues coulées brunes et bleues, couverte jaunâtre craquelée, partie biscuit brun en réserve. Haut. 0,36. (xviiiᵉ siècle.)

330ter ***Karatsu***. Vase forme balustre, couverte crémeuse finement truitée, zone de fleurs et d'ornements en bruns foncés, orifices cerclés argent. Haut. 0,30. (xviiiᵉ siècle.)

NETSUKÉS

331. ***Netsuké Bouton***. Rakan tenant en mains un vase ivoire d'où s'écoule de l'eau.

332. ***Yoshitomo***. Netsuké. Tonnelier.

333. Netsuké ivoire. Sennin assis, tenant son bâton et sa gourde.

334. Netsuké ivoire. Sennin avec chien.

335. Netsuké ivoire. Sennin élevant une poésie.

336. Netsuké ivoire. Couple et enfant autour d'un baquet. Le Sennin *Kuméno*, du haut du ciel ayant regardé, avec trop de désir, une lavandière légèrement vêtue, en est tombé sur la terre auprès de celle-ci.

337. ***Koriouken***. Netsuké ivoire. Le général *Kosouoki* assis, tenant un makimono et un vase.

338. Netsuké ivoire. Ambulant faisant danser des marionnettes.

339. ***Hikakou***. Netsuké ivoire. Niô se tenant la jambe après avoir été brûlée.

340. Netsuké ivoire. Rakan assis sur rocher.

341. **Yoshitomo**. Netsuké ivoire. Sculpteur.

342. **Anrakou**. Netsuké ivoire. Buveur de saké.

343. Netsuké ivoire. Sennin accroupi avec gourde.

344. Netsuké ivoire. Rakan assis sur rocher.

345. Netsuké ivoire. Un garçonnet offrant un gros champignon à Okamé.

346. Netsuké ivoire. Rakan assis sur rocher.

347. **Tomotada**. Netsuké ivoire. Chimère se grattant la langue avec sa patte.

348. Netsuké ivoire. Danseur tenant à la main une sonnette.

349. Netsuké ivoire. Sennin tenant, passée autour du cou, une biche, par les quatre pieds.

350. **Hidémassa**. Netsuké ivoire. Coquille sur laquelle est une feuille.

351. Netsuké ivoire. Sennin gama et crapaud.

352. Netsuké ivoire. Masque de diable.

353. Netsuké ivoire. Souris sur bouyû.

354. **Tokinari**. Netsuké bois. Serpent s'enroulant.

355. **Minko**. Netsuké bois. Chanteur ambulant.

356. Netsuké bois. Naissance de *Kikoudodʒi* dans un chrysanthème.

357. **Ghiokou Rintei**. Les trois effets de l'ivresse représentés par des buveurs. Colère, rire, larmes.

358. Netsuké bois. Sennin jouant du tambour.

359. Netsuké bois. Kappa debout.

360. Netsuké bois. Chasseur de rat.

361. Netsuké bois. *Ningyo*. Sirène à tête d'homme, corps de poisson, la queu relevée.

362. Netsuké bois. Femme repassant couteau.

363. Netsuké bois. *Ashinaga* et *Ténaga*.

364. Netsuké bois. Danseur ambulant, masque relevé, se reposant pour fumer sa pipette.

365. Netsuké bois formé d'un paysage laqué et de rochers en pierres diverses.

366. Netsuké bois. Collection de 24 Netsukés divers de *Nara* et autres.

367. Quatre Netsukés ivoire : Hollandais, Hollandaise, poisson, chat.

GARDES DE SABRES EN FER

368. Garde pleine. Corbeaux noirs, en relief, volant.

369. Garde ajourée, découpée. Lapins polychromes et vagues.

370. **Hiraguja de Kioto**. Garde ronde ajourée. Casque de guerrier à rehauts.

371. Garde ovale. Deux feuilles de kéri, nervures en or.

372. Garde ovale. Deux bœufs, relief, rehaussé.

373. Garde pleine ovoïde. Inrô, champignon, fleurettes, rehauts d'or.

374. **Foushimi**. Garde pleine ronde. Deux oiseaux de Hô incrustés.

375. Garde pleine carrée. Barrage à quadrillé métallique, par clair de lune.

376. Garde ronde ajourée d'abord, et après jours remplis de Shakoudo formant
       relief et donnant l'aspect du reflet dit « clair de lune ». Lapin et croissant
       lunaire.

377. Garde ajourée. Perroquet sur perchoir.

378. **Kawadji de Haghi**. Garde évidée, ciselée, très finement modelée. Dragon et
       tige de bambou.

379. **Kinaï**. Garde ajourée formée d'une branche de prunier fleuri.

380. Garde ajourée ronde. Canards et barque.

381. Garde pleine. Singes minuscules.

382. Garde ronde ajourée. Bœufs et oiseaux gravés.

      Garde pleine quadrilobée. Carpe gravée

383. Garde ronde ajourée. Rubans tordus en spirales.

384. **Tôoun**. Garde pleine quadrilobée. Masque d'Okamé, éventails, jouets.

385. **Foushimi**. Garde pleine. Deux Niyo.

386. Garde ronde. Chimères et pivoines, rehauts.

387. **Kanéshighé**. Garde ovale. Sennin gama et crapaud, rehauts.

388. Garde pleine ajourée, octogonale. Temple de *Tsourouga okà à Kamakoura*.

389. **Premier Shôami à 82 ans**. Garde ajourée ronde. Coiffure de musicien. (Tori-
       kabuto. *Époque Kanyei II. 1626*.

390. **Kiotsugou de Yédo**. Garde ajourée. Yanaghi (saule pleureur) sur fond
       rustique, rehauts.

391. Grande garde pleine. Branche de courge, shakoudo en argent.

392. Garde pleine formée par trois singes se tenant par les bras.

393. **Namban**. Garde pleine formée d'une multitude de petits singes.

394. **Namban**. Dragon, chimère et rinceaux découpés.

395. Garde ajourée, repercée à la scie. Chrysanthème, fleur de prunier, bambou.
      Époque des Ashikaga.

396. **Namban**. Garde pleine ronde. Masque de chimère gueule ouverte, et tenant
      dans ses griffes une perle sacrée en nacre. Au revers ornements de temple
      gravés et rehaussés.

397. Garde ajourée ronde. Cigogne.

398. **Namban**. Travail genre indien. Garde ajourée ronde. Dragon, perle sacrée et
      brindilles.

399. **Namban**. Garde ajourée ronde. Dragon, chimère, porte de temple rehaussés
      d'or, au milieu de fines brindilles.

400. **Namban**. Garde ajourée ronde. Oiseau de Hô et fins ornements ajourés.

401. Garde ajourée ronde. Fins bambous repercés.

402. **Namban**. Dragon et perle sacrée.

403. **Nomoura Nagasaki**. Multitude de singes minuscules.

404. Garde ovale, ajourée, repercée. Oiseau de paradis et branches de Yanaghi.

405. Garde finement repercée à la scie. Cricri ciselé et buisson fleuri.

406. **Namban**. Garde ajourée repercée et dont le pourtour est finement travaillé.
      Dragon de la mer.

407. Garde repercée. Mante religieuse et branche.

408. Cinq gardes diverses.

409. Garde *bronze* formée d'un oiseau de Hô.

INROS EN LAQUE

410. Inrô 4 cases en laque noir. Deux sennins en or usé. (xviiie siècle.)

411. Inrô 4 cases en laque noir. Arbres nains sur plateaux à pieds, fruits en pierres
      polychromes et branches de corail. (xviie siècle.)

412. Inrô, quatre cases. Liseron or et nacre.

413. Rond. Deux cases. Paysan et barque nacre dans rizière.

414. Inrô, trois cases, laqué noir. Sauterelle, insecte et pleine lune, polychrome
      et nacre. (xviiie siècle.)

415. Inrò, quatre cases, parties d'or usé. Lune en nacre, montagne dans forêt de pins en or. (xviiiⁱᵉ siècle.)

416. Inrò, une case, carré, noir. Grandes feuilles or. (xviiiᵉ siècle.)
Inrò, une case, ovoïde, aplati, fond argent, vagues en or usé. (xviiiᵉ siècle.)

417. Inrò, quatre cases, forme carrée. Dame près de rochers. Paysage chinois, incrustations nacre et pierreries. (xviiⁱᵉ siècle.)

418. Quatre cases, or mat usé. Grand prunier fleuri, étain et nacre. (xviiᵉ siècle.)

419. Inrò, quatre cases, or usé. Deux sennins, chèvre, tigre. (xviiiⁱ siècle.) **Ecole de Korin**.

420. Inrò, quatre cases, nashiji. Casque, étendard, selle, étrier en shakoudo. (xviiiⁱᵉ siècle.)

421. Inrò, deux cases. Chrysanthèmes or et incrustation. (xviiⁱᵉ siècle.)

422. Trois cases. Buisson de chrysanthèmes étain et nacre. **Ecole de Korin**.

423. Inrò, trois cases, noir. Crabe et langouste nacre et or. (xviiiⁱᵉ siècle.)

424. Trois cases fond or. Narikira en nacre sur cheval en étain, oiseaux nacre. (xviiᵉ siècle.) **Ecole de Korin**.

425. Quatre cases, rouge écaillé d'or. Sennin assis et singe sur rocher. (xviiⁱᵉ siècle.)

426. Quatre cases or usé. Omorishikotshiki s'apprêtant à couper la main d'une diablesse qui lui a sauté sur le dos à la vue d'un domestique qui s'enfuit. (xviiᵉ siècle.)

427. **Tojiu à l'âge de 67 ans**, quatre cases forme olive, fond laqué imitant bois. Nègres pêcheurs de corail. (xviiiⁱᵉ siècle.)

428. Quatre cases nashiji. Bœufs paissant près chaumière. (xviiiᵉ siècle.)

429. Quatre cases, fond ghiobou. Chiens de chasse hollandais au repos, or et étain. (xviiiⁱᵉ siècle.)

430. Quatre cases, étroit. Paysage noir. Singe aux longs bras suspendu à une branche sur fond or mat. (xviiⁱᵉ siècle.)

431. Quatre cases, or usé. Oyeyama et sa troupe à la recherche du diable. (xviiⁱᵉ siècle.)

432. Quatre cases. Halte d'un prince et sa suite près d'une voiture de gala.

433. Inrò, trois cases. Fagot lié par un lien fleuri, or et métaux poudrés. (xviiiⁱᵉ siècle.)

434. Inrò, *bronze ciselé*. Kaminari et dragon. (xviiiⁱᵉ siècle.)

435. Inrò, *bois naturel* ciselé. Bûcheron et bœuf attelé.

436. Inrò, quatre cases, laque noir. Sauterelle nacre dans buisson fleuri. (xviiiⁱᵉ siècle.)

437. Inrò, trois cases, laque or usé. Troupe d'enfants jouant, sur fond quadrillé. (xviiiⁱᵉ siècle.)

438. Inrò, trois cases, laque noir. Paysage animé, laque d'or. (xviiiⁱᵉ siècle.)

LAQUES

439. Boite à quatre côtés irréguliers, laque de Chine noir. Pin incrusté. (xviiiᵉ siècle.)

440. Boite en éventail laque rouge. Bambou nacre. (xviiiᵉ siècle.)

441. Vase balustre laque noir incrusté en nacre étain et laque d'or de fleurettes. (xviiiᵉ siècle.)

442. Kogo, forme de fruit laque d'argent oxydé, feuilles laque d'or. (xviiiᵉ siècle).

443. Kogo, forme de pêche, laque d'or, branche fleurie. (xviiᵉ siècle.)

444. Kogo, bois naturel. Crapaud sur terrasse. (xviiiᵉ siècle.)

445. Tchaïré cylindrique, rétréci à la panse, en carton laqué imitant admirablement la *poterie de Séto*, brun sur brun. (xviiiᵉ siècle.)

446. Kogo. Batelier fond d'or sur nashiji. (xviiiᵉ siècle.)

447. Tchaïri pyramidal bois naturel, oiseaux et paysage laque d'or. (xviiiᵉ siècle.)

448. Kogo cylindrique, noir, incrustation de fleurs, nacre, étain, tige laque d'or. (xviiiᵉ siècle.)

449. Kogo lenticulaire rouge. Kaminari. Cachet.

450. Kogo lenticulaire brun : Libellules nacre, herbes laque d'or. (xviiᵉ siècle.)

451. Kogo. Minuscule rectangulaire. Cerfs en laque d'or sur burgauté quadrillé. (xviiiᵉ siècle.)

452. Écritoire laque noir. Grandes grues laque d'or et étain au bord de l'eau. Intérieur. Buisson d'herbes en laque d'or et d'argent devant pleine lune. (xviiᵉ siècle.)

453. Écritoire nashiji. Grosse cloche laque d'or incrustée de nacre. Intérieur. Buisson de chrysanthèmes laque d'or avec paillons d'argent et incrusté de nacre sur fond nashiji. (xviiᵉ siècle.)

454. Écritoire. Iris et ponceaux laque d'or, au milieu d'un lac, incrustations de nacre sur fond nashiji. Même décor à l'intérieur. (xviiᵉ siècle.)

PEIGNES LAQUE ET IVOIRE

455. Peigne laque ciselé et doré. Branche de fleurs. (xviiiᵉ siècle.)

456. Peigne ivoire ciselé et ajouré, forme croissant, finement travaillé d'une branche de fleurs. (xviiiᵉ siècle.)

457. Un lot de six peignes laque rouge et or.

BOIS SCULPTÉ

458. Jiu iti men Kuanzeon, coiffée de dix têtes minuscules, main droite pendante,
      main gauche tenant vase, patine noir ; parties d'or encore visibles sur socles
      superposés. Haut. 0,55. (xvie siècle.)

459. Tenjin assis, tenant un shakou dans la main droite; grand sabre recourbé.
      Haut. 0,14. (xviie siècle.)

460. Prêtre assis, bois sculpté, tenant attribut et chapelet en ses mains. Haut. 0,09.
      (xviie siècle.)

461. Kuannon, la tête recouverte par le vêtement, le genou droit relevé et tenant un
      makimono. Bois naturel. Haut. 0,09. (xviiie siècle.)

462   Châsse renfermant Gyokouji Kuannon debout tenant la perle sacrée, bois
      naturel.
              Pièce provenant du temple Shotoji à Kioto. Haut. 0,36. (xviie siècle.)

463. Châsse renfermant Amida Boutsu limbée entre colonnes, main droite levée,
      main gauche pendante, fond or patiné. Haut. 0,40. (xvie siècle).

464. Myodoki grimaçant accroupi sur socle, tenant un vase en ses mains. Bois
      patiné. Haut. 0,24. (xve siècle.)

465. Zendoki grimaçant accroupi, s'appuyant sur un bâton, même patine. Haut.
      0,24. (xve siècle.)

466. Châsse renfermant Nyarin Kuanzéon limbée assise, sur lotus, le coude droit
      appuyé sur son genou droit relevé; patine noire. Haut. 0,33. (xviie siècle.)
      Charmante petite pièce.

467. Amida boutsu debout, patine noire. Haut. 0,41. (xviie siècle.)

468. Prêtre accroupi poitrine nue, chairs noires et vêtement laque foncé. Haut. 0,16.
      (xviie siècle.)

469. Nyorin Kuanzeon assise sur socle, le coude droit appuyé sur genou droit relevé.
      Bois rouge patine noire. Haut. 0,36. (xvie siècle.)

470. Un Nyo, gardien de temple, bois laqué, 0,20.

471. Un Nyo, gardien de temple, presque nu. Bois laqué rehaut d'or 0,20. (xviiie s.)

472. Jiu ni ten (deux des douze gardiens de Bouddha) en relief chacun sur un pan-
      neau de bois à parties encore laquées. Grandeur des panneaux : 0,75. (xviiie s.)

473. Plateau rond bois sculpté. Lapin courant au-dessus des vagues, relief.
      (xviie siècle.)

474. Deux vantaux mobiles de grande châsse, décorés de deux Kuannon en laque
      d'or patiné sur fond quadrillé de grecques. Haut. 0,75. (xviie siècle.)

475. Deux vantaux mobiles plats. Restes de décors : Divinité en laques poly-
      chromes, parties usées. (xvie siècle.)

476. Yebisou sur rocher tenant ligne et poisson. Haut. 0,11. (xviie siècle.)

477. Dharma assis, parties encore laquées. Haut. 0,15. (xviie siècle.)

478. Amida debout, cheveux frisés, ornements en léger relief. Haut. 0,47. (xvie s.)

479. Hoteï au repos, appuyé sur son sac, tenant chapelet; laque rouge et or frotté, patine noire. Largeur 0,16. (xviiie siècle.)

PETITS BRONZES

480. Midzuiré. Anse mobile, petite chimère, relief. (xviiie siècle.)

481. *Rluboundo.* Deux petites théières ovoïdes, ornement relief. (Cachet xviiie siècle.)

482. Presse-papier. Chimère accroupie. (xviiie siècle.)

483. Presse-papier. Dragon à quatre pattes. (xviiie siècle.)

484. Dharma assis, patine brune. (xviiie siècle.)

485. Presse-papier représentant le Fuji, entouré de collines. (xviiie siècle.)

486. Dragon contemplant la hauteur du Fuji. (xviiie siècle.)

487. Licorne accroupie. (xviiie siècle.)

488. Cheval debout. (xviiie siècle.)

489. Crabe. (xviiie siècle.)

490. Cloche avec petit singe, suspendu à la corde. (xviiie siècle.)

491. Hibou debout. (xviiie siècle.)

492. Brûle-parfums rectangulaire gravé à quatre pieds, couvercle et socle bois. (xviiie siècle.)

493. Brûle-parfums, circulaire tripode, anneaux mobiles, orné de fleurs; couvercle ajouré, bouton de jade, socle bois. (xviiie siècle.)

493bis *Reproduction d'un bronze de l'époque des Mings.* Brûle-parfums, balustre circulaire à deux anses, couvercle à chimère; orné en relief de zones, de cordelettes, clous, et de cabochons émaillés blancs, patine verte. Haut. 0,30.

MASQUES

494. Masque de Shojo.

495. Masque de Hannia.

496. Masque de Sougouiti.

497.   Masque de tête de lion chimérique à mâchoire inférieure mobile.

498.   ***Oshlugâ Mitsutaka***. Masque de Okina barbu.

499.   Masque de Sougouiti en bronze.

500.   Masque de Hannia patine noire, nez crochu, mâchoire inférieure avancée. (xvi⁰ siècle.)

501.   ***Souyéhiro***. Masque d'homme laqué couleur chair foncée, yeux de bronze, dents laquées noires. Cachet. (xviii⁰ siècle.)

502.   Masque de Yasouna chair laquée et grosse mèche de cheveux tombant jusqu'au nez. (xviii⁰ siècle.)

POCHES A TABAC

503.   ***Koëtsou***. Bois naturel. Prince et princesse, or nacre et étain. (xvi⁰ siècle.)

504.   Poche à tabac et étui a pipe en cuir, garniture argent, netsuké plat ivoire. Okimono chien de Fò.

ÉTUIS A PIPES

505.   Etui en bambou ciselé de sujets champêtres.

       Etui en bambou ciselé; princesse sous érable.

506.   ***Ghiokuyei***. Etui cylindrique gravé de six poètes.

       Ghiokousaï. Etui cylindrique gravé de Benké et sa petite amie.

507.   Etui en galuchat laqué, libellule d'or.

508.   Etui en bois de Kaki sculpté d'arbre laqué en relief, et d'un joueur au cerf-volant en ivoire.

509.   ***Tansaï***. Etui cylindrique bambou gravé d'une dame en promenade.

510.   Etui formé d'un poisson creux tenant perle sacrée.

KODSUKAS

511.   Kodzuka bronze, Kaminari au milieu des éclairs; en argent.

512.   ***Bijô***. Shibuitshi corbeaux sur arbre devant pleine lune.

5¡3. ***Keïrindô Kan shin***. Kodzuka en fer orné d'inros avec netsukés et coulant, et
       poche à tabac en relief en or et pierreries.

       Travail d'une grande finesse.

DIVERS

5¡4. Couteau dans son fourreau. Poisson sculpté.

5¡5. Écritoire de voyage, bois noir. Dragon chimérique.

5¡6. Petit sabre en laque noir, orné de mouches et autres insectes incrustés
       d'ivoire, bronze nacré, étain. (xviiᵉ siècle.)

       Lame en mauvais état.

5¡7. Daï niti nyora, assis sur lotus, bois sculpté, patine brune.

5¡8. Fusil d'enfant, laque noir, genre hollandais.

       Canon gravé de dragon et de trois feuilles de mauve (*Tokougawa*) laque,
       mêmes feuilles.

5¡9. ***Éventail de commandement en fer***, gravé de dragon argent et or. Feuille en
       papier laqué, représentant le soleil, laque d'or et un croissant lunaire en
       laque d'argent.

520. Sabre de médecin, bois et ivoire, avec kodzuka, laque fleurettes et incrusté de
       burgau.

521. Sabre de médecin, bois gravé d'un serpent, kodzuka orné d'un sceptre en métal
       doré ciselé.

522. Sabre de médecin, bois. Poisson zoné horizontalement de filets en ivoire,
       garniture en bronze ciselé; manche de kodzuka ivoire.

523. Sabre de médecin, bois formé d'un poisson gravé, œil mobile en agate.

524. Sabre de médecin, bois, formé d'une tête d'éléphant.

525. Sabre de médecin, bois, formé d'un dragon cornu.

526. Sabre de médecin, bois, formé d'un dragon ailé.

KAKÉMONOS ET DESSINS

527. ***Hokouba***. Deux jeunes filles déroulant un kakemono. (xixᵉ siècle.)

528. ***Keïho***. Prêtre et dame à l'entrée d'une habitation par temps de neige.
       (xviiiᵉ siècle.)

529. ***Outagawa***. Six feuilles de dessins.

ESTAMPES

530. ***Outamaro***. Femmes et enfant.

531. ***Kidémaro***. Buste.

     Boundô. Buste.

532. ***Yeisho***. Poétesse accroupie.

     Toyokouni. Faucheuse tenant masque.

533. ***Hiroshighé***. Paysages en hauteur; deux vues d'Yédo.

534. ***Hiroshighé***. Vingt et une feuilles diverses.

535. ***Hiroshighé***. Trois feuilles d'acteurs.

     Yoshikadzu. Trois feuilles d'acteurs.

     Yeisen. Trois feuilles d'acteurs.

536. ***Kouniyoshi***. Hauteur. Deux bustes de Ronin.

537. ***Yeizan***. Diptyque. Pêcheurs et enfant.

538. ***Kunisada***. Triptyque. Affiche théâtrale représentant les acteurs, noir.

539. ***Kouniyoshi***. Triptyque. Yoshitsuné, Benken et les Tengous au pont de Goyo.

540. ***Kouniyoshi***. Triptyque. Yoshitsuné et les Tengous dans la forêt sur la montagne de Kourama.

541. ***2e Toyokouni***. Triptyque. Prince Ghenzi et dames sur terrasse.

542. ***Hiroshighé***. Triptyque. La pêche des coquillages à Shinagawa.

543. ***Yeizan***. Hauteur. Femme debout et pleine lune.

     Ashiyuki. Hauteur. Femme debout et pleine lune.

544. ***Hokouyei, Kounihiro***. Onze planches d'acteurs.

545. ***Kouniyoshi***. Apparition d'un homme barbu.

     Ashiyouki. Femme, parc de fleurs, neige.

546. ***Shighiharou***. Triptyque, scène d'intérieur.

     Hokuyei. Diptyque, scène dans paysage.

     Kouniyashi. Triptyque. Repêchage d'un noyé.

547. ***École de Kitao***. Largeur. Foule à la porte d'entrée du Yoshiwara.

548. ***Toyokouni***. Hauteur. Femme et perroquet.

549. ***Toyokouni***. Diptyque. Couple en promenade.

Paris. — Société générale d'Imprimerie et d'Édition Levé, rue de Rennes, 71.